DES CAUTIONNEMENS,

ET

De leur Conversion

EN RENTES OU EN IMMEUBLES;

Par M. Blanchard,

RECEVEUR DES FINANCES DE L'ARRONDISSEMENT DE BRIVES (CORRÈZE).

PARIS,

DE L'IMPRIMERIE D'AD. MOESSARD,

rue de Furstemberg, n.º 8 *bis*, F. S.-G.

SEPTEMBRE 1830.

Lᴇ Projet qu'on va lire avait été soumis au ministère en 1828. Il paraît que depuis cette époque la
conversion des cautionnemens en rentes, mais en
rentes seulement, a été adoptée en principe. Ainsi
restreinte, cette conversion peut offrir des inconvéniens. Je prends la liberté de les indiquer.

Je propose ensuite, comme en 1828, les moyens
par lesquels je crois possible de régulariser cette partie de notre dette publique, et de la faire tourner
au profit du commerce et de l'agriculture, sans affai-
blir les garanties qui sont dues au trésor et aux tiers.

Puisse cet Essai répondre au but d'utilité dans lequel
il a été conçu, et paraître digne de quelque attention
aux personnes intéressées à l'examen de cette question
importante !

EXTRAIT

DU RAPPORT AU ROI SUR LES FINANCES,

PUBLIÉ

PAR S. EXC. LE COMTE DE CHABROL,
MINISTRE DES FINANCES.

Paris, mars 1830. — Page 186.

« Le total des cautionnemens en numéraire dus par le
» trésor s'élève, au 1ᵉʳ janvier 1830, à 226,483,973 fr.

» Ce genre d'*emprunt*, qui a le caractère d'une dette
» flottante, n'impose au trésor aucune charge nouvelle pour
» le remboursement de son capital, parce qu'il se renou-
» velle sans cesse avec ses propres moyens; mais il le grève des
» intérêts liquidés annuellement à raison de 4 p. %, sur
» les fonds déposés par les titulaires ; et le budget de cha-
» que exercice comprend un crédit de 9 millions destinés à
» satisfaire au paiement de ces arrérages.

» Le cours soutenu de nos effets publics doit permettre
» bientôt de réaliser, dans cette partie du service, une amé-
» lioration qui en simplifierait le mécanisme, sans porter
» aucune atteinte aux droits des propriétaires de cautionne-
» mens. Elle consisterait à convertir ces titres spéciaux en
» rentes constituées sur le grand-livre des 4 p. %, et à sup-
» primer ainsi tous les viremens matériels de caisse, et les
» écritures multipliées auxquelles donnent lieu les versemens
» et restitutions en numéraire de ces capitaux mobiles, pour
» les faire rentrer dans le mouvement simple et rapide des
» mutations et transferts de la dette définitivement inscrite. »

pas qu'ils fussent fournis en immeubles (loi du 15 germinal an IV) ; si leur conversion obligée en argent n'a pas eu des motifs étrangers à cette garantie ; si leur retrait de la caisse d'amortissement, où ils étaient placés à titre de dépôt, et leur versement au trésor qui les a dévorés, ne sont pas autant de violations du principe qui devait les régir.

La nature des causes ne changerait rien à celle des résultats. Que les conséquences soient plus ou moins légitimes, elles n'en sont pas moins fâcheuses, et nous sommes obligés de les subir telles que les temps antérieurs les ont léguées à notre époque.

Il est reconnu que des sommes énormes auxquelles les cautionnemens se sont successivement élevés, il n'existe plus un centime dans l'épargne publique. Le capital a péri, et, en attendant qu'il puisse être remboursé, le trésor en sert l'intérêt à 4 p. %.

Telle est aujourd'hui notre situation sur ce point.

2. « Les intérêts des cautionnemens, disait, à la » chambre des députés, M. Gauthier, dans son rapport si » remarquable sur le budget de 1829, font l'objet d'une » dépense de 9 millions ; ils nous ont fourni l'occasion » d'observer que ces fonds constituent une véritable » dette, qui ne s'élève pas à moins de 225 millions de » capital. Votre commission a pensé que peut-être il y » aurait lieu, pour se soustraire par *degrés* à l'incon- » vénient que présente une dette ainsi *déguisée*, de » prescrire que les cautionnemens que le trésor sera » dans le cas de recevoir à l'avenir, seront constitués » en rentes sur l'État. »

3. L'inconvénient de la dette, et la nécessité de la faire disparaître, ou de la régulariser, sont signalés dans ce court aperçu. Il ne peut y avoir contestation et difficulté que sur les moyens d'y parvenir.

Sous ce rapport, il me semble que la mesure indiquée par M. Gauthier serait insuffisante ou incomplette, 1.º en ce que, laissant le trésor à découvert des sommes remboursées, elle le priverait successivement de 225 millions de capitaux; 2.º en ce que, n'agissant que par degrés et sur les cautionnemens à venir seulement, elle produirait des résultats trop éloginés.

4. Ces reproches ne peuvent s'appliquer au projet du dernier ministère, lequel consistait à convertir *hic et nunc* les cautionnemens *dus* par le trésor, en rentes 4 p. °/₀.

Mais cette création en masse de rentes n'offrirait-elle pas des inconvéniens d'une autre nature? Et puis, la mesure serait-elle parfaitement juste? ne paraîtrait-elle pas rigoureuse à l'égard des titulaires de cautionnemens, qu'elle *obligerait* à recevoir pour des capitaux fixes et certains, des valeurs essentiellement variables, et qui pourraient, au jour du remboursement, influer d'une manière fâcheuse sur leur fortune?

Certes, malgré l'espèce de crise financière où nous nous trouvons en ce moment, je ne crois pas au danger de cette conversion.

Mais, peu habitués à ces sortes de combinaisons, beaucoup de titulaires de cautionnemens s'y soumettraient peut-être avec regret.

D'un autre côté, quoique peu probable, la chance

d'une baisse soutenue n'en est pas moins possible ; or cette possibilité seule s'élève contre la mesure projetée ; car alors l'État se trouverait rembourser *moins qu'il n'a reçu*, et un pareil résultat est inadmissible.

5. En général, dans les questions de cette nature, où les intérêts du trésor se trouvent si directement en contact avec des intérêts privés, le Gouvernement ne doit pas craindre de porter la délicatesse jusqu'au scrupule. Ici, par exemple, il pourrait bien permettre des placemens en rentes, mais il ne devrait ni les opérer d'office, ni les prescrire exclusivement, son premier devoir étant de garantir le remboursement intégral des sommes qui lui ont été confiées.

6. Il est impossible, sous ce rapport, de ne pas séparer avec soin le passé de l'avenir.

Le passé est hors du domaine de la loi nouvelle. Les faits dont il se compose s'étant accomplis sous une législation antérieure, ne peuvent cesser d'être régis par elle. Appliquer à ces faits de nouvelles dispositions, ce serait consacrer le principe le plus funeste en matière de législation, celui de la rétroactivité.

Lorsqu'un fonctionnaire, acceptant un service public et la responsabilité qui en dérive, a fourni le cautionnement auquel il était assujetti, il s'est conformé à la loi de l'époque. De son côté, en recevant en dépôt ce gage de son exactitude et de sa fidélité, l'État a pris envers lui l'engagement d'observer les dispositions de cette même loi. Il en est résulté entre eux une convention réciproque, un véritable contrat synallagmatique, inviolable pour les deux parties. Or, si le rem-

boursement intégral de la somme reçue en nantisse-
ment était non-seulement une des conditions tacites et
accessoires du traité, mais sa condition première, sa
principale bâse, ce serait violer ouvertement le contrat, porter atteinte à la foi promise, que d'altérer
la garantie donnée de ce remboursement intégral.

En vain dirait-on qu'une nouvelle disposition sur ce
point deviendrait naturellement l'objet d'une nouvelle
convention; qu'il serait libre à tout fonctionnaire d'accepter la condition qui lui serait faite, ou de renoncer
à son emploi.

Le Gouvernement sous lequel nous vivons aujour-
d'hui est trop paternel pour s'arrêter à des moyens de
cette nature; il a trop de franchise pour déguiser ainsi
la violence sous la forme trompeuse d'un raisonnement
captieux.

Ne sent-on pas, en effet, que l'homme qui a consa-
cré sa jeunesse à des fonctions administratives, deve-
nues pour lui un objet exclusif d'étude et d'application,
parce qu'il était autorisé à y voir un gage de son avenir et de celui de sa famille, n'est plus propre à cher-
cher ses moyens d'existence dans une autre industrie;
et que l'option proposée ne serait pour lui qu'un sacri-
fice auquel il n'aurait plus la liberté de se soustraire.
D'ailleurs, l'argument pourrait-il s'étendre à cette
classe nombreuse de titulaires de cautionnemens, tels
que avoués, notaires et autres, qui ne remplissent pas
des places proprement dites, mais exercent des pro-
fessions indépendantes !

7. Quant aux cautionnemens à venir, le Gouver-

nement n'étant lié envers les titulaires par aucune législation ou convention antérieure, peut, sans difficulté, leur imposer à son gré telle ou telle condition.

Les choses étant absolument entières à leur égard, chacun d'eux serait libre d'accepter ces conditions ou de les refuser, sans qu'il en résultât de préjudice pour aucun.

Ainsi, l'État serait en droit de demander à ces nouveaux titulaires des cautionnemens *en rentes;* mais je crois qu'il vaudrait mieux leur laisser également la faculté de se pourvoir en *rentes* ou en *immeubles,* à leur choix.

MESURE PROPOSÉE.

8. Voici, au surplus, par quels moyens il me semblerait facile de régler à la fois le passé et l'avenir.

1.° Il serait établi en principe, qu'à l'*avenir* nul ne serait admis à verser son cautionnement en numéraire au trésor; mais qu'il serait obligé de le fournir, soit en rentes, soit en immeubles libres.

2.° À l'égard des *anciens* cautionnemens, on les réduirait aux mêmes termes, en observant la transition suivante:

Le trésor les convertirait d'abord en rentes inaliénables, au taux de 4 p. %, *avec garantie du capital primitif.*

Cette première conversion opérée, les parties auraient le droit de présenter de nouveaux cautionnemens en immeubles; et les immeubles admis, il serait procédé au remboursement intégral des cautionnemens en numéraire.

A cet effet, le trésor retirerait les inscriptions de rentes des mains des titulaires, et aurait la faculté de les vendre pour son propre compte, à mesure qu'il éprouverait le besoin de se couvrir des sommes remboursées. On pourrait l'autoriser encore, afin d'éviter toute chance de perte ou de profit, à transférer ces rentes au *pair* à la caisse d'amortissement, *à laquelle il faut bien recourir en définitive pour libérer l'Etat.*

La dotation de cette caisse, qui paraît généralement excessive, pourrait agir sans inconvénient sur cette partie de notre dette, sauf à fixer chaque année, par une loi ou par une ordonnance, les limites de ces nouvelles opérations; dont il serait rendu compte à la prochaine session des chambres.

9. Si je ne me trompe, cette mesure serait d'une grande simplicité d'exécution, et pourtant elle serait propre à tout concilier.

Les titulaires de cautionnemens ne se trouveraient exposés à aucune chance de perte ni de profit sur leurs capitaux, ce qui me paraît également juste et convenable. Le remboursement de ces capitaux s'effectuerait avec facilité et sans laisser le trésor à découvert ; les coupons de rentes vendus successivement, en temps opportun, ou absorbés par le fonds d'amortissement, ne pourraient exercer aucune influence fâcheuse sur le cours de la bourse; et l'on arriverait ainsi, par une transition heureuse et sans secousse, à reporter dans les départemens une masse de capitaux dont le commerce et l'agriculture retireraient d'immenses avantages.

On peut dire en outre que l'État ajouterait aux garanties qu'il demande à si juste titre, ces garanties d'ordre, de tranquillité, d'attachement à la chose publique, qui naissent naturellement de l'affection de l'homme pour la propriété foncière.

DES CAUTIONNEMENS EN IMMEUBLES.

10. On aurait tort, selon moi, de se récrier contre les cautionnemens en immeubles. Admis dans certains cas, il n'y aurait que de l'avantage à les permettre dans tous, et déjà je puis noter comme un acheminement vers cette amélioration administrative et financière, l'ordonnance qui vient d'être rendue sur les hospices et établissemens de bienfaisance. *Convertissant en règle ce qui n'avait été jusqu'ici qu'une exception,* cette ordonnance autorise les receveurs des hospices à fournir désormais leurs cautionnemens en rentes ou en immeubles; ce qui se rapporte entièrement au système que j'ai pris la liberté de proposer en 1828. Espérons que ce premier exemple sera suivi, et qu'on renoncera peu à peu aux cautionnemens en numéraire (1).

---

(1) Rien ne s'applique mieux à ce que j'ai dit sur ce genre de cautionnemens, que les motifs de l'ordonnance du 6 juin 1830; je crois utile de les citer :

« L'action du pouvoir central est encore susceptible d'utiles restrictions. Lorsque les principes généraux sont bien posés et bien compris, il est utile, il est convenable que le Gouvernement borne son intervention à une haute surveillance, et ne conserve d'action directe sur les faits particuliers, qu'afin de trouver dans leur comparaison des indications utiles pour l'administration générale. Les inconvéniens d'une

11. Qu'un Gouvernement obéré, sans crédit, qui absorbe l'argent à mesure qu'il le reçoit, et ne néglige

---

centralisation trop étendue se font encore sentir en ce qui concerne les nominations.....

» D'après l'ordonnance du 31 octobre 1821, les cautionnemens en *numéraire* fournis par les receveurs des hospices et des bureaux de bienfaisance, doivent être versés dans les caisses des Monts-de-Piété ; mais cette disposition, *qui avait pour but de procurer à ces derniers établissemens des fonds pour leur service,* est devenue l'objet des réclamations de la plupart d'entre eux. L'abondance des capitaux, la confiance qu'inspirent les administrateurs des Monts-de-Piété, leur procurent les moyens de réaliser des emprunts à un taux moins élevé que celui de l'intérêt accordé par l'acte du 3 mars 1810, aux titulaires d'emplois soumis à un cautionnement.

» Ainsi s'est révélée la nécessité d'adopter de nouvelles règles pour les cautionnemens. Dans certains cas exceptionnels, les receveurs des hospices sont autorisés, par des réglemens en vigueur, à fournir leur cautionnement, soit en immeubles, soit en rentes sur l'État. *Il suffira donc de faire de cette exception la règle générale,* pour apporter dans cette branche de service public les modifications dont l'expérience démontre la nécessité. Cependant, il est utile de conserver à l'administration la faculté d'autoriser par exception, et dans certains cas, des cautionnemens en numéraire, et leur versement dans les caisses des Monts-de-Piété, afin d'éviter, d'une part, le retrait de sommes nécessaires à leur service, et de l'autre, l'inconvénient d'exiger, pour de très-faibles sommes, les formalités qui doivent garantir la sincérité des cautionnemens fournis en immeubles.....

» Enfin, le projet d'ordonnance confie aux préfets le soin de veiller à l'accomplissement des formalités relatives à la fixation des cautionnemens, à leur réception et à leur remboursement. Toutes ces attributions ont été exercées jusqu'à présent par votre ministre de l'intérieur, et d'après les principes énoncés au commencement de ce rapport, j'ai lieu d'espérer que V. M. jugera convenable *de les reporter du centre aux localités.....* »

aucun moyen de s'en procurer, s'attache de préfé-
rence à ce genre de cautionnemens, on le conçoit; mais
on conçoit aussi tout ce que cette imprévoyance impose de charges à son avenir ; tout ce qu'elle cause
d'embarras et de pertes aux fonctionnaires publics,
qu'elle oblige à emprunter à un intérêt souvent fort
élevé, toujours au-dessus de celui qu'ils en retirent
eux-mêmes...

Singulier mode de cautionnemens, étrange moyen
de garantie, qui commence la ruine de l'individu auquel il demande des sûretés !...

12. Il me semble que des cautionnemens en immeubles devraient convenir à la situation prospère de nos
finances; ils seraient plus conformes au principe de
notre Gouvernement, qui fait de la propriété foncière la
base de nos droits politiques, parce qu'en France cette
propriété est en effet la première des richesses natio-
nales, et la principale source des revenus de l'État.

Un immeuble libre est le gage le plur sûr que
notre législation puisse reconnaître. Impérissable par
sa nature, il n'est point soumis aux chances de perte
de l'argent, ni aux chances de dépréciation de la rente.
Les manœuvres de l'agiotage ne peuvent rien sur lui.
Comme cautionnement, il est toujours la garantie la
plus complète qu'un fonctionnaire puisse offrir au
trésor et aux tiers intéressés.

On peut ajouter que ce cautionnement est aussi,
pour les titulaires, le plus facile et le moins onéreux.
Il n'est personne, en effet, à moins d'improbité reconnue, qui n'ait à sa disposition, ou qui ne puisse

trouver autour de lui, un immeuble à affecter à la garantie de ses fonctions. La raison en est simple. L'af-
fectation de l'immeuble n'en enlève pas la jouissance
au propriétaire, comme dans un prêt d'argent. En second lieu, un fonctionnaire n'est pas présumé, aux
yeux des siens, devoir manquer à des obligations qu'il
est personnellement si intéressé à remplir avec exactitude. Ajoutez que, même dans ce cas, l'intérêt des
bailleurs exercerait sur lui une utile surveillance.

13. Je ne puis prévoir d'objection contre ce genre
de cautionnement, que pour ce qui tient aux moyens
d'apprécier la valeur de l'immeuble, au moment où le
cautionnement est fourni, et aux formalités à suivre
pour en procurer la vente lorsqu'elle est rendue nécessaire.

Or, cette objection, qui ne porte pas sur le principe
de la chose, mais seulement sur des difficultés d'exécution, est de nature à être levée.

Il est à remarquer que ces sortes de difficultés se
présentent dans tous les cas où un immeuble peut
être l'objet d'une convention. Elles n'empêchent pas
néanmoins les opérations journalières des particuliers,
soit entre eux, soit avec des sociétés collectives, telles
que la caisse hypothécaire, les assurances contre l'in-
cendie, soit même, dans certaines circonstances, avec
l'administration publique. Pourquoi donc empêche-
raient-elles des opérations directes avec le trésor? Le
trésor, aidé de tous ses agens, n'a-t-il pas à sa disposition, et dans toutes les localités, les moyens les
plus prompts et les plus sûrs de connaître la valeur

d'un immeuble, et d'en poursuivre la vente en cas de besoin? N'est-il pas vrai, d'ailleurs, que cette nécessité si fâcheuse se présente beaucoup moins, et que les malversations deviennent plus rares de jour en jour, surtout parmi les hauts comptables des deniers publics? Or, d'après le système de responsabilité maintenant en vigueur, ces comptables sont les seuls dont la mauvaise gestion puisse compromettre directement les intérêts du trésor (1).

---

(1) Ne serait-ce pas une conséquence naturelle de ce système de responsabilité, que de laisser, moyennant certaines précautions, aux agens supérieurs de chaque service, le soin de faire exécuter, vis-à-vis de leurs subordonnés, les règles de garantie qui seraient déterminées par la loi?

Ce soin ne pourrait-il pas être abandonné aux receveurs-généraux des finances, pour ce qui concerne les receveurs particuliers et percepteurs, dont ils répondent directement; et aux procureurs du roi, pour ce qui concerne les avoués, notaires et autres officiers ministériels placés sous leur surveillance?

Ne serait-ce pas alléger d'autant le ministère, et *reporter centre aux localités*, suivant l'expression de l'ordonnance du 6 juin 1830, une direction de détails dont la haute administration doit désirer elle-même de s'affranchir?

Il me semble que cette manière d'aborder un système de *décentralisation* dont le besoin est si généralement senti, ne pourrait qu'être profitable à l'État. Elle le serait, surtout aux tiers intéressés, en mettant à leur portée des renseignemens utiles, et l'accomplissement de formalités dispendieuses. Il en résulterait une économie de temps et de frais qu'on demanderait en vain à la législation actuelle, trop empreinte des principes d'exigence de l'époque à laquelle elle appartient.

FORMALITÉS A SIMPLIFIER.

14. Dans tous les cas, si les formalités ordinaires étaient jugées insuffisantes, ou plutôt trop longues et trop dispendieuses (l'Auteur du Mémoire est de cet avis), ne serait-il pas facile d'y suppléer par une législation exceptionnelle?

Il suffirait, pour cela, de quelques dispositions particulières dans la loi qui serait rendue sur la matière.

Par exemple : de crainte d'erreur sur l'estimation des immeubles, ou de dépréciation au jour de la vente, on pourrait exiger que les cautionnemens de cette nature excédassent d'un quart ou d'un tiers la fixation des cautionnemens en numéraire.

On pourrait même l'élever au-dessus de cette quotité, sans craindre d'exciter aucune réclamation. Mais une considération d'une autre nature doit engager à n'affecter que la quantité d'immeubles reconnue nécessaire; car c'est un des graves inconvéniens du système actuel que d'enlever au commerce une trop grande masse de biens, par l'effet de cette hypothèque générale, si rarement utile, et à laquelle l'adoption des cautionnemens en numéraire aurait peut-être dû faire renoncer. A quoi bon cette surabondance de garanties?

Cet excédant de valeur servirait en outre à couvrir les frais de poursuites. En second lieu, comme il peut être utile aux tiers intéressés, et aux titulaires eux-mêmes bien plus qu'au trésor, que la vente soit prompte, facile et peu dispendieuse, il conviendrait d'abréger les formalités, de manière à ce que tout pût être con-

2

sommé dans un court délai, par exemple, dans les deux mois de la première poursuite.

Quelques autres dispositions de détail compléteraient la législation de ce nouveau système, auquel on pourrait rattacher quelques améliorations désirées, sur la compétence locale, la facilité des poursuites et la *publicité d'un registre par arrondissement*, où les parties intéressées trouveraient régulièrement inscrits le montant de chaque cautionnement, sa nature, les charges dont il aurait été grevé, les appositions survenues, et autres renseignemens également utiles.

CONCLUSION.

15. L'Auteur de cet Essai ne doute pas que dans peu d'années les cautionnemens pour lesquels la faculté d'option serait accordée, ne fussent presque entièrement transformés en immeubles, par le seul choix des parties. Or, c'est en cela que consiste, selon lui, l'avantage de la mesure qu'il prend la liberté de proposer; puisque, comme il a été dit ci-dessus, en régularisant le service du trésor, et sans diminuer ses garanties, on assurerait aux titulaires la libre disposition de leur fortune, au commerce et à l'agriculture la ressource de plus de 200 millions de numéraire.

On parviendrait, de la sorte, à faire refluer dans nos provinces si négligées, si pauvres, une partie de ces immenses richesses que la capitale absorbe à leur préjudice, et souvent sans utilité pour elle-même.

Tandis qu'à Paris les capitaux cherchent vainement un emploi, dans nos départemens, l'agriculture et l'industrie cherchent en vain des capitaux. Aussi quelle différence dans le taux de l'intérêt! A Paris, les caisses publiques et beaucoup de maisons de banque refusent journellement des fonds à 3 p. °/₀; en province, les placemens s'effectuent, exempts d'usure, à 6 p. °/₀ sur hypothèque. Qu'il y a loin cependant d'une opération à l'autre, sous le rapport de l'utilité générale (1) !

---

(1) Un des effets les plus funestes de cette stagnation de capitaux à Paris, est d'entretenir ce jeu de bourse dont nos fonds publics sont devenus l'objet, et qui est également immoral dans son principe, et déplorable dans ses résultats.

Proscrit par les lois (*), condamné par la jurisprudence (**), immolant l'honneur à une basse cupidité (***), et mettant, en quelque sorte, la fortune et les affaires publiques à la merci de quelques spéculateurs, ce jeu fatal est une des plaies les plus honteuses de notre organisation sociale. Que de fortunes scandaleuses il élève! que de malheurs il accomplit!

Puisse le nouveau Gouvernement, devenu plus tranquille, s'occuper des moyens d'y mettre un terme!

Pourquoi les sages dispositions de nos Codes sont-elles si facilement éludées?

Ne suffirait-il pas, pour leur exécution, d'exiger le dépôt des inscriptions vendues à terme; et de restreindre ainsi aux marchés réels ces sortes d'opérations fictives, désastreuses, qui constituent le *pari* défendu par la loi? N'en résulterait-il pas un grand bien pour quelques légers inconvéniens? Ces marchés à terme sont-ils donc un mal si nécessaire, qu'il faille le respecter jusque dans ses abus les plus condamnables?

(*) Code pénal, art. 421. — Arrêts du Conseil, des 7 août et 2 octobre 1785, et 22 septembre 1786.

(**) Arrêts. — Cour royale de Paris, 9 août 1823. — Cour de cassation, 11 août 1824, etc., etc.

(***) Mêmes Arrêts.

C'est principalement dans l'espoir de contribuer à établir une circulation plus libre, une distribution plus égale, à remédier, en un mot, à un état de souffrance signalé depuis long-temps, que je me suis déterminé à hasarder quelques propositions. Si je m'abuse sur l'effet des moyens que j'indique, au moins suis-je persuadé que les hommes sages et justes uniront leurs vœux à mes faibles efforts.

DES CIRCONSTANCES ACTUELLES.

Les circonstances où nous sommes encore placés, peuvent faire contester l'opportunité de la mesure que je propose.

Je sais que des projets de loi plus importans réclament l'attention du Gouvernement et des chambres. Il faut avant tout reconstituer l'État, raffermir à jamais nos libertés reconquises, consolider, en un mot, notre régénération politique; mais le temps viendra, sans doute (et puisse-t-il n'être pas éloigné!), où des intérêts secondaires auront droit aux méditations des trois pouvoirs. Il faudra bien finir par s'occuper d'*affaires*, par améliorer les services; car tel est, en résultat, le but de toute organisation sociale.

Il me semble, d'ailleurs, comme je l'ai dit au commencement de cet écrit, que la question des cautionnemens se rattache naturellement au budget. C'est à cette occasion que M. Gauthier a signalé l'inconvénient des cautionnemens en numéraire; c'est aussi dans son budget que le dernier ministère faisait rentrer le système de conversion qu'il avait conçu; on peut donc examiner ce point important dans la prochaine loi de finances.

Adoptée en principe , la conversion des cautionnemens en rentes , *avec garantie du capital primitif ,* aurait lieu à l'instant même : celle des rentes en immeubles s'effectuerait ensuite successivement , d'année en année , dans des proportions qui auraient pour règle les besoins du service , pour limites , les sommes fixées d'avance , soit par les chambres , soit par le ministère. De cette manière , on n'aurait à craindre ni perturbation , ni embarras. La mesure porterait ses fruits , sans exposer à aucun inconvénient réel.

Je le demande , pourquoi , avec de telles précautions , n'entreprendrait-on pas aujourd'hui ce qui aurait paru si praticable il y a quelques mois ? Nos finances sont-elles si sérieusement compromises ? Quelles richesses avons-nous perdues ? La France serait-elle moins prospère parce qu'elle est plus libre ? son Gouvernement moins fort parce qu'il est plus national ?

Ce ressentiment , ce malaise que nous éprouvons encore parfois , n'est-il pas une suite nécessaire , inévitable de la crise si violente , mais si heureuse , d'où nous sortons à peine? Doit-on pour cela s'alarmer sur notre avenir ? Cet avenir n'est-il pas , au contraire , riche d'espérances ? Quelques mesures de fermeté , sanctionnées d'avance par la nation entière , ne suffisent-elles pas pour ramener l'ordre et la tranquillité au milieu d'un peuple mûri par la civilisation ? A l'extérieur, les puissances ne s'empressent-elles pas, ne doivent-elles pas s'empresser de saluer l'avènement du Roi-Citoyen?

Et notre crédit, *le crédit de la France*, qui pourrait le croire menacé? Assis sur ses véritables bases, la bonne foi dans les transactions, l'économie dans les dépenses, et la publicité des comptes; appuyé sur d'immenses richesses territoriales, quelles garanties laisse-t-il à désirer? Comment ne compterait-on pas sur son élévation progressive, lorsqu'en Angleterre, une dette énorme, à peine soutenue par un amortissement illusoire, se maintient presque constamment au niveau de 3 p. %?

Je le répète, la double conversion des cautionnemens en rentes et en immeubles peut être tentée avec avantage, et je suis loin de douter du résultat de cette opération importante, dont la création d'un fonds spécial de 4 p. % semble avoir voulu préparer et faciliter l'exécution.

PROJET

D'ARTICLES DE LOI

POUR

L'EXÉCUTION DE LA MESURE PROPOSÉE.

ART. I.er. Les neuf millions affectés annuellement au service des intérêts de cautionnemens dûs par le trésor, seront inscrits au grand-livre de la dette publique, en une rente 4 p. %, de la même somme de neuf millions. *Anciens cautionnemens.*

ART. II. Cette rente sera répartie entre les titulaires de cautionnemens, à chacun desquels il sera délivré un coupon d'une somme de rente égale à la somme d'intérêts qu'il reçoit, avec *garantie du capital par lui versé au trésor.* *Leur conversion en rentes.*

ART. III. Ces rentes ne pourront être aliénées par les titulaires.

ART. IV. Néanmoins, les titulaires de cautionnemens auront la faculté de les remplacer, dans le délai qui leur sera fixé, par *des cautionnemens en immeubles libres,* et d'une valeur excédant d'un quart au moins le montant des cautionnemens en numéraire. *En immeubles.*

ART. V. La valeur des immeubles sera déterminée d'après le mode d'évaluation établi par l'art. 2165 du Code civil (ou tout autre à régler par le trésor).

Leur remboursement.

ART. VI. Les cautionnemens en immeubles une fois admis, le trésor remboursera aux titulaires, et en numéraire, le montant intégral des cautionnemens primitifs.

Et pour se couvrir de ce remboursement, il aura la faculté de vendre, *pour son compte ,* les coupons de rente qu'il retirera des mains des titulaires, ou de les livrer directement à la caisse d'amortissement, qui les recevra au taux fixe de 100 fr. de capital pour 4 fr. de rente.

Il sera rendu compte aux chambres des opérations qui auront eu lieu, soit en remboursemens effectués, soit en rentes vendues, sans que le montant puisse excéder annuellement la somme qui aura été fixée pour chaque année par ordonnance du Roi, rendue et publiée dans la première quinzaine du mois de janvier.

Cautionnemens à venir.

ART. VII. A *l'avenir,* les cautionnemens des nouveaux titulaires seront fournis en rentes 3, 4, 4 1/2 ou 5 p. %, ou en immeubles libres, au choix des parties(1).

---

(1) Sauf à exiger en rentes les cautionnemens au-dessous d'un minimum fixé. Par contre, les cautionnemens trop élevés pourraient être fournis, partie en rentes, partie en immeubles. Cette faculté s'étendrait aux cautionnemens anciens et nouveaux. Elle serait accordée par le ministre des finances,

Un cautionnement fait, sa nature ne pourra plus être changée qu'en vertu d'une autorisation spéciale et particulière.

Art. VIII. Les nouveaux cautionnemens, soit en rentes, soit en immeubles, seront soumis aux mêmes charges et priviléges que les cautionnemens primitifs.

Charges et priviléges.

Art. IX. Ils seront inscrits au trésor *et au bureau de conservation des hypothèques de chaque arrondissement,* sur un registre tenu à cet effet, et indiquant :

Publicité du registre.

1.º Les noms et qualités des titulaires, bailleurs et autres ayant droit;

2.º La nature et le montant des cautionnemens, avec désignation détaillée des immeubles;

3.º Les charges auxquelles ils seront soumis;

4.º Les oppositions, saisies et ventes qui pourraient survenir.

Art. X. Ce registre présentant ainsi à jour la situation des cautionnemens, sera public et devra être communiqué à toute réquisition.

Art. XI. Toutes les oppositions et saisies seront faites entre les mains du conservateur des hypothèques, quien donnera connaissance au trésor.

Art. XII. Il pourra être procédé à la saisie des rentes et des immeubles, quinzaine après commandement aux titulaires.

Saisies.

Art. XIII. La vente ou le remboursement des rentes

3

sera effectué par le trésor, sur l'extrait du jugement qui aura validé la saisie.

Ventes. **ART. XIV.** La vente des immeubles aura lieu à l'audience des criées du tribunal de leur situation, après trois affiches renouvelées de quinzaine en quinzaine.

Les affiches contiendront la désignation des biens, et indiqueront le jour de la vente.

Compétence **ART. XV.** Toutes les poursuites relatives à la saisie et à la vente des cautionnemens seront faites devant le tribunal de la situation des immeubles, pour ce qui concerne les cautionnemens en immeubles, et pour les cautionnemens en rentes, devant le tribunal du domicile du saisi.

ART. XVI. Dans le cas où la situation des biens et le domicile du saisi ne seraient pas dans le même arrondissement, le conservateur de l'arrondissement où les poursuites auront lieu (art. 15) en donnera avis au conservateur de l'autre arrondissement, afin que celui-ci en fasse mention sur son registre.

Situation des immeubles. **ART. XVII.** Les immeubles donnés en cautionnement par les percepteurs des contributions directes, par les avoués, notaires, greffiers, commissaires-priseurs, huissiers, seront, autant que possible, et à moins de dispense expresse, situés dans l'arrondissement où ces titulaires exerceront leurs fonctions.

ART. XVIII. Les cautionnemens en rentes seront

inscrits sur le registre du conservateur de l'arrondissement où le titulaire exercera ses fonctions, et où son
domicile sera nécessairement fixé.

Art. XIX. Les actes ayant pour objet l'établisse-
ment d'un cautionnement, soit de la part des titulaires, soit de la part des tiers, seront soumis au droit
fixe de 5 fr.

Droit fixe
d'enregistre-
ment.

FIN.

102

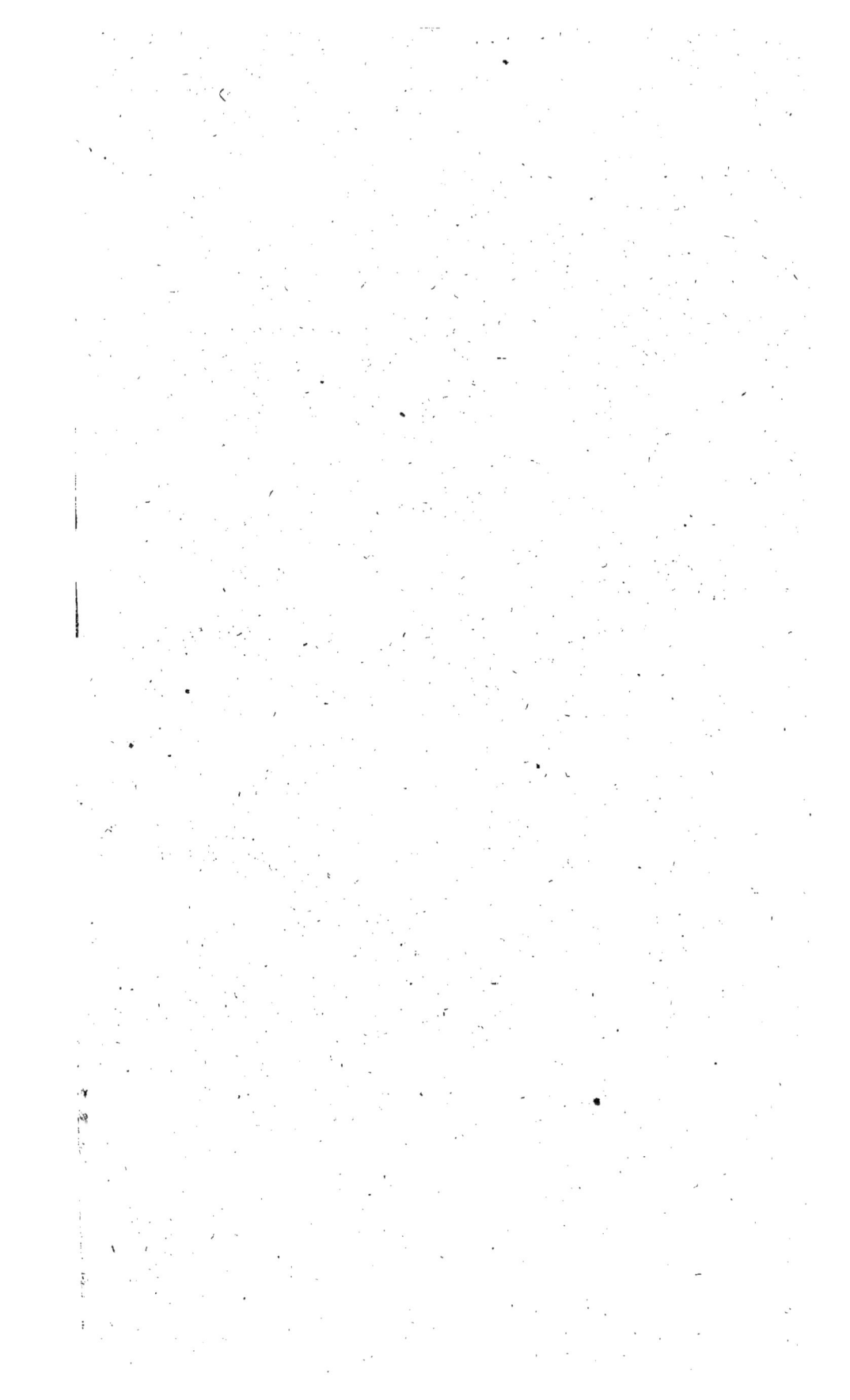

www.ingramcontent.com/pod-product-compliance
Lightning Source LLC
Chambersburg PA
CBHW060521200326
41520CB00017B/5107